AF268310

LOI SUR LA RÉDUCTION DES RENTES,

Croquis d'un Projet de Rapport à faire à la Chambre des Pairs, au nom de la Commission chargée de l'examen de la Loi de Réduction des Rentes, déjà approuvée par la Chambre des Députés.

MESSIEURS,

L'EXAMEN de la question qui vous est soumise doit se réduire à peu de chose. Quelques efforts que l'on ait faits pour embrouiller cette question, organe de la commission à laquelle vous l'avez renvoyée pour préparer votre discussion, il me sera facile de vous faire partager sa conviction qu'il n'y a pas deux manières de la résoudre.

Je rappellerai, comme devant servir de point de ralliement à quiconque cherche la vérité, quelques principes fondamentaux que nulle considération, que nul intérêt de position ne peuvent faire plier, que nul paradoxe ne sauroit obscurcir, et qui doivent dominer cette discussion comme un phare lumineux qui éclairera les routes ténébreuses où, d'un côté, des erreurs respectables par la pureté de la source d'où elles émanent, de l'autre, des passions, dont il est pénible d'entendre encore la voix au milieu de la France monarchique, nous ont entraînés, dans l'espoir d'égarer l'opinion publique ou, ce qui est la même chose, les deux Chambres législatives, seules appelées à dicter ses arrêts.

Ces principes une fois admis comme vérités éternelles, contre lesquelles toute dissidence, quel qu'en soit le prétexte, ne devra être, à tout jamais, considérée que comme une négation de l'évidence même; j'exposerai rapidement tout ce qui a été dit pour ou contre la loi proposée; et, quoique rien de neuf ne semble possible à dire dans l'un ou l'autre sens, peut-être votre commission vous présentera-t-elle, pour arriver à une solution qui satisfasse la raison, une voie plus simple et plus facile qu'elle ne s'en étoit flattée d'abord, et que vous ne l'avez espéré vous-même.

Commençons donc par les principes.

L'administration de la fortune publique et celle des fortunes particulières sont soumises aux mêmes règles.

Ce que fait loyalement, justement, raisonnablement un père de famille, pour conserver son patrimoine, pour améliorer ses revenus, pour diminuer ses dépenses, en mettant à profit toutes les circonstances qui peuvent le favoriser, les chefs de ces grandes familles qu'on nomme les nations, c'est-à-dire les Gouvernemens, non-seulement ont le droit de le faire; c'est de plus un devoir pour eux.

Les emprunts sont, pour les Etats comme pour les particuliers, une ressource dangereuse, qui ne peut être justifiee que par l'impossibilité de n'y pas recourir dans un cas de nécessité démontrée. Tel est, pour ceux-ci, le cas d'une amelioration à faire, d'où résultera l'augmentation de leur aisance, ou d'un procès à soutenir; telles sont, pour ceux-là, une grande mesure d'utilité publique à côté de laquelle l'inconvénient de l'emprunt ne seroit digne d'aucune considération, ou le passage de l'état de paix à l'état de guerre.

Mais la même tendance à sortir de cette position, la même tendance à reprendre leur équilibre, la même tendance à éteindre leur dette doit exister chez les uns comme chez les autres : la mesure de leur sagesse sera la continuité de leurs efforts pour y parvenir; et, s'il se présente une circonstance où, par un emprunt moins onéreux, ils pourront augmenter leurs moyens de libération de toute l'économie qu'ils en obtiendront, celui-là sera digne de blâme qui ne s'empressera pas d'en saisir l'occasion.

Messieurs, ne nous y trompons pas, l'emprunt est un germe de mort pour toutes les fortunes, soit publiques soit particulières. Si leurs fâcheux effets ne se font pas sentir aussi promptement à l'égard de l'une qu'à celui des autres, c'est que la vie des nations compte par siècles et non pas par années, comme celle des individus.

Les emprunts publics sont une maladie moderne : nul ne peut encore les juger: leurs conséquences n'ont pas acquis les développemens qui peut-être justifieront un jour les pressentimens des esprits positifs, que n'ont pu fasciner des théories éblouissantes, d'après lesquelles il faudroit ne voir dans ce fléau que de nouveaux moyens de vie.

Heureuse la nation qui, la première, sachant se résigner avec courage à tous les sacrifices qu'exige la présence de ce fléau, sera parvenue à s'en débarrasser par sa constance à le combattre!

Les métaux sont une marchandise.

L'accord universel des nations les a choisis pour servir de signe universel et de mesure commune des valeurs; dès lors ils sont devenus la représentation de toutes les richesses que donne la nature ou que procure l'industrie.

Ces produits naturels ou industriels sont la richesse réelle des nations.

Les metaux, considérés comme représentation de ces produits, sont leur richesse relative.

L'argent monnaie a remplacé les échanges en nature, qui, dans l'enfance de la société, etoient le seul moyen que les hommes avoient de fournir réciproquement à leurs besoins mutuels.

Il est le lien commun des nations.

Son abondance relative chez l'une d'elles est le signe certain de la supériorité commerciale de celle-ci.

Sa rareté relative annonce positivement, au contraire, la dépendance où elle est du commerce des autres peuples.

Mais cette abondance ou cette rareté peuvent être absolues : dans ce cas, leurs effets sont les mêmes partout. Rare, l'argent, partout, doit se payer plus cher; abondant, il s'avilit partout; partout enfin le sort des prêteurs et des emprunteurs se modifie en conséquence de cette rareté ou de cette abondance.

Ici, Messieurs, il n'est pas de puissance humaine capable d'arrêter cette marche du mouvement commercial universel ou d'en maîtriser les effets. En ce qui concerne la circulation de l'argent, ce mouvement seul fait la loi. Princes, peuples, états, gouvernemens, particuliers, il faut que chacun la subisse.

Prétendre, à l'aide d'une fiction, d'une idéalité, dont on n'a pas même essayé de montrer la racine, qu'il peut y avoir une classe de particuliers que les gouvernemens seroient tenus de protéger à leurs propres dépens et aux dépens de toutes les autres classes contre les résultats inévitables de ce mouvement commercial universel, lorsqu'il leur est défavorable, tandis qu'on trouve très-bien qu'elle en ait profité, quand elle y a trouvé son avantage, est une absurdité qu'il n'étoit possible qu'un homme de sens se vît condamné à entendre que dans des temps tel que le nôtre, où d'impudens sophistes s'acharnent à remettre sans cesse en question jusques aux vérités fondamentales sur lesquelles repose tout l'édifice de l'ordre social.

Me voila arrivé, Messieurs, au moment de faire à la question que vous avez à résoudre l'application des considérations générales ou, plus simplement, des principes que je viens d'avoir l'honneur de soumettre à votre sagesse.

On réclame un privilége en faveur d'une classe de citoyens, sous un régime politique qui n'admet aucuns priviléges : voyons sur quoi peut s'appuyer une prétention si extraordinaire.

L'abondance des capitaux dans toutes les places de l'Europe, effet peut-être plus direct qu'on ne pense de la restauration du trône des Bourbons, a fait baisser partout l'intérêt de l'argent : quoi qu'en aient dit, quoi qu'en disent encore ceux qui vont chercher la mesure de cet intérêt où elle n'est pas, il est tombé, dans le commerce, son principal régulateur, à 3 pour 100, et même au-dessous; les fonds publics de tous les états européens se sont élevés parallèlement dans une progression correspondante à cet état de choses; en France ils sont montés au pair et ils l'ont même dépassé : ils l'auroient dépassé bien davantage encore si la proposition de loi, sur laquelle vous allez bientôt prononcer, n'eût arrêté la tendance de nos 5 pour 100 à se niveler avec l'intérêt commercial et plus particulièrement avec les 3 pour 100 anglais.

En effet, Messieurs, pénétrons-nous de cette vérité : tous les capitalistes de l'Univers qui dirigent leurs fonds vers les dettes publiques sont cosmopolites, par le fait même de leur prédilection pour ce genre d'emploi. J'aime à croire qu'il n'est aucun de vous qui n'ait la conviction que la situation prospère des finances françaises ne le cède à celle d'aucune autre nation. Chacun de nous, jaloux de l'honneur national, doit proclamer avec un juste orgueil que, s'il est une dette publique qui mérite la confiance de l'Univers, c'est la nôtre, c'est celle de la France : c'est une vérité de sentiment que, même hors de nos frontières, personne ne conteste; je ne dois donc pas abuser de l'attention que vous voulez bien m'accorder en essayant de vous en donner la démonstration. Ce soin superflu me conduiroit peut-être jusqu'à prétendre à une préférence fondée sur des raisons mathématiques, á la manière des géomètrcs; mais ce n'est pas là mon dessein. J'accorde à tous les autres peuples qu'ils n'aient rien à nous envier sous ce rapport; mais je veux à mon tour qu'on m'accorde aussi que la France ne doit pas descendre du premier rang pour le céder à aucune nation quelconque.

D'après cela, Messieurs, il est indubitable que les 3 pour 100 anglais s'étant élevés jusqu'à 96, et tendant à atteindre 100, nos 5 pour 100 étoient appelés à atteindre le taux de 160 à 167 fr., car, s'il est vrai que les capitaux dirigés vers les fonds publics soient cosmopolites, et s'il est vrai aussi que notre dette soit, au moins, aussi solidement fondée que la dette de nos voisins d'outre-mer et que le service des rentes inscrites sur notre grand-livre ne laisse rien à desirer ni à surpasser; quelle raison y a-t-il pour que 3 se vendent à Londres 100, et que 5 ne se vendent pas 166 et 2/3 à Paris? dira-t-on que ces 3 et ces 5, dérivant d'un capital égal, c'est-à-dire, étant supposés le produit d'un versement de 100, la considération d'un remboursement possible doit déterminer une preférence en faveur des premiers ? J'aurai l'occasion d'examiner ce paradoxe; je ne m'y arrêterai donc pas quant à présent. Cependant, j'aurai la franchise, car je dois le pour et le contre à la Chambre, d'avouer qu'il s'y mêle un peu de vérité et que probablement une égalité absolue ne se seroit pas établie entre nos 5 pour 100 et les 3 pour 100 de Londres ; peut-être nos rentes, au lieu d'arriver à 167, les 3 pour 100 anglais étant montés à 100, se seroient-elles arrêtées entre 150 et 160; mais rien n'eût pu les empêcher d'arriver jusque-là ; et ici une idée se présente à moi que je tiens en réserve pour répondre à une des objections qu'on a élevées contre la loi qui vous est proposée.

A la vue de ce phénomène, dont l'histoire n'a présenté jusqu'ici aucun exemple et qu'elle ne manquera pas de signaler comme l'un des faits les plus remarquables de notre époque si féconde en miracles de tous les genres, le Gouvernement de France a eu l'heureuse idée de faire tourner au profit des contribuables, la facilité que lui offroit une circonstance unique de remplacer tous les emprunts antérieurs représentés par le grand-livre de la dette publique, par un emprunt universel qui réduiroit à 4 pour 100 les intérêts que, jusqu'à ce moment, la nation a payés nominalement sur le pied de 5 pour 100, et je dis nominalement, puisqu'il est vrai qu'aucune partie de la rente qui ne dérive pas de la réduction au tiers consolidé, n'a procuré au Tresor royal un versement de 100 fr. de capital pour 5 fr. de rente.

C'est cette mesure, que je veux bien ne pas qualifier encore, qui est l'objet du projet de loi qui vous est présenté.

Messieurs, nous en avons la triste expérience : il est des esprits chagrins que rien ne sauroit satisfaire. Cette remarque affligeante, à la honte de l'esprit humain, on l'a faite de tous les temps, même dans des temps ordinaires, et les nôtres ne le sont pas. A la suite d'une révolution comme celle que nous avons dû traverser pour acheter la position où nous a replacés en si peu d'années, je pourrois dire en si peu de mois, la sagesse de notre monarque; que d'intérêts illégitimes trompés dans leurs calculs, que de passions désordonnées, comprimées dans leur malveillance, que de turbulances domptées, que de vœux coupables deçus ont dû multiplier le nombre de ces esprits chagrins dont je vous parlois tout à l'heure, de ces esprits dont rien ne sauroit appaiser le mécontentement systématique ! pour eux, faire ou ne pas faire, faire de telle manière ou faire de telle autre, tout est égal. Critiquer, blâmer, faire obstacle, voilà leur unique devise, voilà leur but invariable; leurs infatigables clameurs ne feront grâce à rien : leurs sophismes s'attaqueront jusqu'à la logique des chiffres, et ils finiront par compliquer, par obscurcir même les questions les plus simples.

Supposons que le Gouvernement, spectateur impassible de la hausse des rentes, n'eût pas saisi l'instant où elles ont traversé le pair pour les y fixer au passage, et pour profiter de leur tendance à s'élever plus haut, afin de procurer à nos finances un soulagement annuel de 28 millions au moins; au moment où je parle, les 5 pour 100, désormais éternellement irréductibles, seroient peut-être au-delà de 120 ou 130 et continueroient à chercher à se niveller sur les fonds anglais, ils avec lesquels il étoit impossible qu'ils ne finissent pas par se trouver en équilibre. Mettons-nous tous, Messieurs, la main sur la conscience , et interrogeons-nous avec cette bonne foi qui nécessairement doit caractériser un pair de France; pensez-vous que ces contempteurs par système, de tous les actes de l'administration, fussent restés muets à la vue de cette insouciance du ministère? pensez-vous qu'ils ne lui eussent pas fait reproche de n'avoir pas profité d'une occasion, désormais perdue sans retour, déviter à la France la honte de payer éternellement 5 pour 100 à ses prêteurs, tandis qu'ailleurs (avec moins de ressources qu'elle n'en a évidemment, et sans avoir plus qu'elle des droits à ce crédit public qui fait tant de miracles, quand on a l'art de manier avec dextérite ce levier si puissant), on ne paieroit que 3 pour 100 et même moins?

Qu'auroit eu à leur répondre le ministère, s'ils lui eussent adressé cette apostrophe foudroyante? « Comment! vous avez » pu soulager à jamais les contribuables français, d'un cin- » quième des interêts de la dette publique! l'Angleterre vous » en donnoit l'exemple, puisque, dans le moment même » où vous auriez dû songer à cette operation si sage, si » juste, si légitime et si salutaire, elle opéroit une réduc- » tion sur ses 4 pour 100 ; et vous avez laissé échapper cette » faveur de circonstance qui ne se reproduira plus ! et voilà » que nos 5 pour 100, désormais hors de toute atteinte de » votre part, sont montes à 60 fr., ce qui, pour leur ac- » quéreur actuel, fait ressortir l'emploi de ses fonds à 3 fr. » 8 cent. pour 100, et fait revenir l'interêt, paye par l'Etat, » à 8 pour 100, tandis qu'il est à peine de 3 pour 100 pour » le commerce! c'est un acte de stupidite qui touche au » crime, vous avez tué notre amortissement, notre dette sera » eternelle ainsi que notre honte, et nous vous accusons. »

J'avôue, Messieurs, que j'ai cherché quelle auroit pu être la reponse du ministère, dans la supposition que je viens de faire, et je n'ai pas su la trouver. A cette supposition j'ai ajoute celle que j'eusse été chargé de sa justification; je me suis interrogé à cet egard, et cette justification je l'ai reconnue impossible.

Ecartons donc les préjugés, ou tout au moins les doutes, les hésitations que les débats suscités par la mesure qui nous occupe ont pu inspirer à quelques esprits peu familiers avec les opérations financières, et abordons sans prévention l'examen des objections qu'on a entassées contre le projet de loi que vous avez à examiner.

On a commencé par contester à l'Etat, le droit de rembourser le capital de la rente qu'il paye, et, comme le Code civil est formel en faveur de ce droit, on a prétendu que ce Code n'étoit applicable qu'aux transactions de particulier à particulier, mais non à celles entre l'Etat et ses rentiers. Je ne ferai pas, à votre raison, l'injure de discuter sérieusement un paradoxe aussi palpablement déraisonnable, pour écarter l'application du droit commun à la mesure proposée : on a parlé de je ne sais quel droit politique qui s'opposoit à cette application ; je prie qu'on me dise quel est ce prétendu droit politique, qu'on m'en montre le Code, et qu'on m'y fasse lire un article par lequel, en matière d'argent, le Gouvernement n'auroit pas les mêmes obligations à remplir et les mêmes droits à exercer qu'un simple particulier. Ramenons tout à des expressions simples et qui soient à la portée de tout le monde. En finances, il ne faut pas de phrases ; il ne faut que du positif. Comment pourroit-il se faire qu'un particulier, grevé de 5 pour 100 d'intérêt et trouvant un prêteur nouveau à 4 pour 100, puisse offrir la préférence à son prêteur originaire ou lui rembourser son capital que lui fournira son nouveau prêteur, et qu'un Gouvernement, administrant la fortune publique, qui ne doit pas être administrée autrement que ne le sont les fortunes privées, ne puisse améliorer son sort, ou plutôt celui de ses contribuables par le même moyen ? Insister sur ce point, je le répète, seroit un outrage à vos lumières.

Mais, a-t-on dit, il y a injustice, immoralité, inhumanité dans cette opération. L'accusation est grave ! Mais voyons si elle est méritée.

Qu'on ne nous parle point des rentiers qui se trouvent encore possesseurs des inscriptions originaires provenant de la réduction au tiers consolidé. Le Gouvernement actuel n'est point coupable de cette réduction : il a laissé les choses au point où il les a trouvées, peut-être même est-il allé, sous ce rapport, au-delà des bornes du devoir rigoureux que lui imposoit la nécessité ; il n'y a pas à récriminer sur ce qui n'est pas de son fait ; il faut donc se borner à raisonner d'après le seul etat des choses qui n'admet aucune distinction d'origine pour les inscriptions au Grand-Livre. Cependant, même à ces porteurs du tiers consolidé, il est aise de leur prouver qu'ils se plaignent sans fondement:

Personne n'ignore que les rentes qui existoient antérieurement à la réduction au tiers, étoient tombées à 7 fr., c'est-à-dire à moins de dix-huit mois de revenu. La réduction contre laquelle on réerimine, a tort ou a droit, ce qui ne nous intéresse plus, fit donc revenir les 5 fr. inscrits au Grand-Livre, au lieu de 15 fr. de rente, à 21 fr. de capital que ces 15 francs avoient coûté. La loi projetée donne aux propriétaires de ces 5 fr. de rente le droit d'aller se faire payer 100 fr. au Trésor royal, au lieu de 21 fr. que représentoit leur rente au moment de sa consolidation : n'ont-ils pas, dans cette opération, un bénéfice de 79 fr., c'est-à-dire, de quatre capitaux pour un, à peu de chose près? En quoi donc et de quoi peuvent-ils avoir à se plaindre?

A l'égard de tous autres rentiers, on n'ignore pas qu'aucun d'eux n'a déboursé 100 fr. pour chaque 5 fr. de rente qu'il possède : où donc est l'injustice de lui rembourser au-delà de ce qu'il a reellement paye? N'oublions pas que la rente est descendue jusqu'à 50 fr., et que, de 50 fr. jusqu'à 100 fr. qu'elle n'a atteints que d'hier, il y a eu, en faveur des rentiers, une progression quelquefois rétrograde qui, s'il étoit possible d'en établir le compte, feroit monter à une somme énorme le bénéfice auquel les appelle le remboursement qui leur est offert à 5 pour 100 ; ou, ce qui leur est plus avantageux encore, leur reduction à 4 pour 100. Quelle injustice y a-t-il à cela? n'est-il pas dérisoire que, dans une opération où toute la perte est d'un côte et tout le bénefice de l'autre, ce soit precisément la partie perdante que l'on accuse d'injustice et d'immoralite?

Mais échappera-t-elle au reproche d'inhumanité? peut-elle contester que le petit rentier, qui n'a que sa rente pour vivre, seroit attaqué dans son existence par la perte du cinquième de son revenu?

Tout se réduit à ce seul fait. Dans cette discussion, Messieurs, il n'y a, en dernière analyse, de réel que la réduction de la rente et ses résultats fâcheux pour les rentiers; mais rien n'est plus futile que tout ce qui a été dit pour tirer de ce fait matériel la conséquence qu'il falloit renoncer à la faveur qu'offroient les circonstances, et grever éternellement les contribuables pour ne pas troubler les jouissances des rentiers.

Nous avons dit en commençant que l'argent s'avilit par sa surabondance universelle dans toutes les places de commerce. Nous avons vu que l'effet inévitable de cet avilissement est de diminuer le taux de l'intérêt qu'en retirent ses possesseurs. Tel est, en ce moment, l'état de l'Europe. Pourquoi le rentier, qui a bien su profiter d'une situation contraire, puisqu'il a pu acheter sa rente à 50 fr., et l'a achetée à 50, 60, 70, 80 francs, plus ou moins, mais jamais à 100 qu'on lui offre pour étendre sa rente (car on ne m'opposera certainement pas quelques achats insignifians faits d'hier et pendant ce débat; une sorte de pudeur s'y oppose); pourquoi donc, dis-je, ce rentier seroit-il seul exempt de payer, comme toutes les autres classes, son tribut au mouvement commercial universel? Dès l'instant qu'on lui offre son capital légal ou une nouvelle position équivalente, il est difficile de concevoir que cette offre puisse être qualifiée un acte d'inhumanité. Il n'y a ici de coupable que cette surabondance de l'argent qui a fait baisser l'intérêt dans toute l'Europe : attaquez-vous à elle; déplorez ses effets pour une seule classe, quand toutes les autres y gagnent; mais cessez tout reproche à l'égard du Gouvernement, que vous blâmeriez justement et peut-être avec moins de passion et d'aigreur, s'il s'étoit exposé au reproche contraire, parce qu'il seroit sans excuse, et ne sauroit que vous répondre.

Présentons, Messieurs, aux hommes de bonne foi qui ont pu se laisser étourdir par les vaines clameurs qui se sont élevées de toutes parts contre la loi qui nous occupe, une image sensible des effets du mouvement commercial dont le Gouvernement n'a fait que suivre l'impulsion, comme tel étoit son devoir, en vous proposant cette loi. Placée ainsi sous son vrai jour, cette question, qu'on a tant cherché à embrouiller, va reprendre sa simplicité naturelle ; tout le monde la comprendra. Il n'est pas d'esprit si paresseux, si inexercé, si ignorant en cette matière, au jugement duquel, sa bonne foi présupposée, je ne consentisse à m'en rapporter.

Je vous présente deux pères de famille, ayant chacun 5,000 fr. de revenu, l'un par une inscription qui lui aura coûté 5o, 6o, 70,000 fr. plus ou moins, disons 80,000 fr. ; l'autre par un capital de 100,000 fr., qu'il a entre les mains d'une de nos premières maisons de banque, qui lui en paie 5 pour 100. Tout à coup un phénomène commercial éclate dans toute l'Europe ; une surabondance de capitaux se manifeste de toutes parts, résultat de cette apparence de repos durable, de paix universelle qui promet à la chrétienté une longue consolation des tempêtes révolutionnaires qui l'ont si long-temps agitée ; cette surabondance fait baisser l'intérêt de l'argent ; le banquier n'offre plus que 3 pour 100 du capital de 100,000 fr. que l'un des pères de famille dont je parle a dans ses mains ; l'Etat réduit à 4,000 fr. les 5,000 qu'il payoit à l'autre ou lui offre 100,000 fr.

Viendra-t-on me demander ce que je veux que fasse ce rentier des 100,000 fr. qu'on lui offre, puisque son voisin le capitaliste ne sait que faire de la même somme que son banquier veut lui rendre, et est forcé de la lui laisser à 3 pour 100 ? Je répondrai que le Gouvernement n'est chargé que d'administrer la fortune publique ; qu'il ne doit ni ne peut s'immiscer dans l'administration des fortunes particulières ; qu'il doit s'intéresser également aux deux pères de famille dont vous venez de voir la position, dérivée de la même cause ; qu'il leur doit la même pitié, si vous voulez (je me sers de ce terme, puisque vous me parlez d'humanité), mais qu'il lui reste au moins cette consolation, c'est que son rentier sera le moins à plaindre, puisqu'il aura 4 pour 100, tandis que le voisin de celui-ci n'en aura que 3, ou qu'il aura un bénéfice bien réel, bien palpable de 20,000 fr. sur son capital.

Il me reste, Messieurs, à examiner l'avantage que les adversaires de la loi ont cherché à tirer de l'augmentation de capital, attribuée à la rente de 3 pour 100 dont cette loi ordonne la création. Tout l'échafaudage des déclamations appuyées de chiffres, auxquelles on s'est abandonné pour enlever à la mesure proposée l'avantage réel, incontestable, qu'elle a d'être une mesure éminemment profitable à l'Etat, repose sur une erreur qu'il suffit de détruire pour restituer à cette opération salutaire toute l'estime qui lui est due. Que cette erreur soit volontaire ou non, c'est ce que je n'ai pas à examiner. Elle consiste en ce qu'on a confondu un capital purement nominal, dont le remboursement ne peut être exigé, avec un capital effectif, remboursable à époques déterminées, ou dans des cas prévus par les conventions des parties.

Eh! qu'importe au Trésor royal que 5 fr. de rente qu'il paie soient sensés représenter 100 fr. ou un million? Dès qu'il ne sera jamais dans le cas de rembourser ce million, la dénomination idéale donnée au capital de la rente payée ne changera rien à sa position. Mais, dit-on, si, en vertu du droit que vous lui attribuez, le Gouvernement veut faire un nouveau remboursement, il faudra qu'il rembourse ce million! Oui, sans doute, mais il se gardera bien d'y songer. Il faut qu'il trouve un bénéfice à faire dans une telle opération; plus il se met dans le cas de ne pas atteindre ce bénéfice, plus il donne à ses nouveaux rentiers une garantie matérielle que leur sort ne changera pas. En attendant, répliquent les adversaires de la loi, votre caisse d'amortissement aura une masse énorme de capitaux de plus à éteindre; nous vous avons prouvé par chiffres qu'en dernière analyse, votre projet de loi sera plus onéreux que profitable aux contribuables, à cause de cette augmentation de capital qui devra, en définitif, être absorbé par l'amortissement. Je réponds que c'est encore là une illusion fantasmagorique pour éblouir les esprits paresseux. La caisse d'amortissement n'achète pas des capitaux mais des rentes. Qu'on traduise en rentes les tableaux où l'on prétend avoir prouvé une absurdité, et il ne restera plus de prétexte à la moindre objection, même purement spécieuse contre la réductiou de l'intérêt de 5 à 4 pour 100 ; de laquelle, quoi qu'on puisse dire, il ne peut pas ne pas résulter, pour l'Etat et par conséquent pour les contribuables, une économie d'un cinquième sur le service de la dette publique.

La Commission vous propose, en conséquence, par mon organe, d'adopter le projet de loi.

AVIS DE L'AUTEUR.

La convenance, l'utilité, l'à-propos, la justice, la nécessité de la proposition de la loi sur la réduction des rentes, n'auroient pas dû être mises en question. Cependant, même lorsqu'elle est résolue par la Chambre des Députés de la seule manière qu'elle a pu l'être, au moment où elle va être discutée dans la Chambre des Pairs, les adversaires de cette mesure, dont il seroit facile de prouver que le ministère n'auroit pu s'abstenir sans se rendre coupable, se réveillent pour recommencer leurs clameurs. J'ai essayé de prendre part aux débats qui ont précédé, dans les journaux, la discussion de la Chambre des Députés ; deux d'entre eux, dont je partage les opinions en toute autre matière, ont refusé une série d'articles que je leur ai offerts en faveur du principe du projet de loi. Je ne puis me défendre de me prononcer publiquement à cet égard, et je profite, à la hâte, du dernier moment qui me reste pour le faire avec quelque espérance que ce ne sera pas sans utilité.

Je me suis supposé pair de France, membre de la Commission chargée de l'examen du projet de loi, et chargé de porter la parole au nom de cette Commission. En conséquence, j'ai esquissé rapidement, n'ayant plus un instant à perdre, le rapport que, dans cette supposition, j'aurois prononcé à la tribune de la Chambre des Pairs. Cette forme m'a paru plus favorable qu'une dissertation écourtée comme un article de journal. Le chevalier DE FONVIEILLE.

Paris, le 20 mai 1820.